AF219159

Impressum
Verlag: BABADADA GmbH, Nedderfeld 112 , 22529 Hamburg
Geschäftsführer / Verlagsleitung: Harald Hof
Druck: Books on Demand GmbH, In de Tarpen 42, 22848 Norderstedt

Imprint
Publisher: BABADADA GmbH, Nedderfeld 112 , 22529 Hamburg, Germany
Managing Director / Publishing direction: Harald Hof
Print: Books on Demand GmbH, In de Tarpen 42, 22848 Norderstedt

baba
el colegio

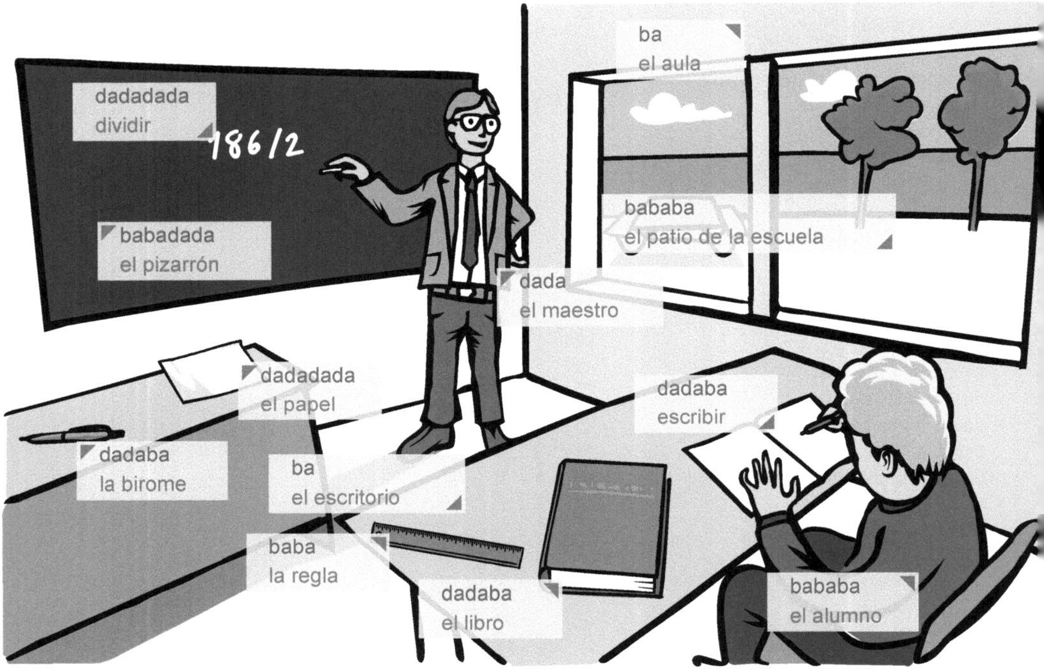
ba
el aula
dadadada
dividir
186/2
bababa
el patio de la escuela
babadada
el pizarrón
dada
el maestro
dadadada
el papel
dadaba
escribir
dadaba
la birome
ba
el escritorio
baba
la regla
dadaba
el libro
bababa
el alumno

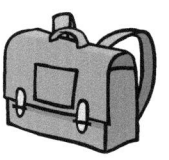

dadaba

la mochila

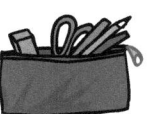

dada

la caja de lápices

bababa

el lápiz

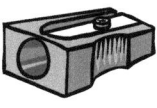

dadaba

el sacapuntas

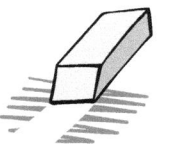

baba

la goma (de borrar)

ba

el bloc de dibujo

bababa

el dibujo

ba

el pincel

dada

la caja de pinturas

babadada

la tijera

dadaba

el pegamento

dadadada

el cuaderno de ejercicios

babadada

la tarea

12

bababa

el número

2+2

dadaba

sumar

5-2

bababa

restar

2×2

badada

multiplicar

dadababa

calcular

A

babababa

la letra

ABCDEFG HIJKLMN OPQRSTU VWXYZ

babababa

el abecedario

dada

la palabra

babadada
el texto

dadadada
leer

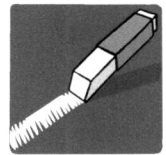

dada
la tiza

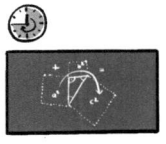

babababa
la lección

ba
el cuaderno de clase

baba
el examen

babababa
el certificado

babadada
el uniforme escolar

babababa
la educación

dadababa
la enciclopedia

babababa
la universidad

dadababa
el microscopio

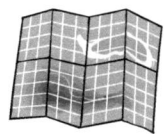

bababa
el mapa

babadada
el tacho (de basura)

baba
el viaje

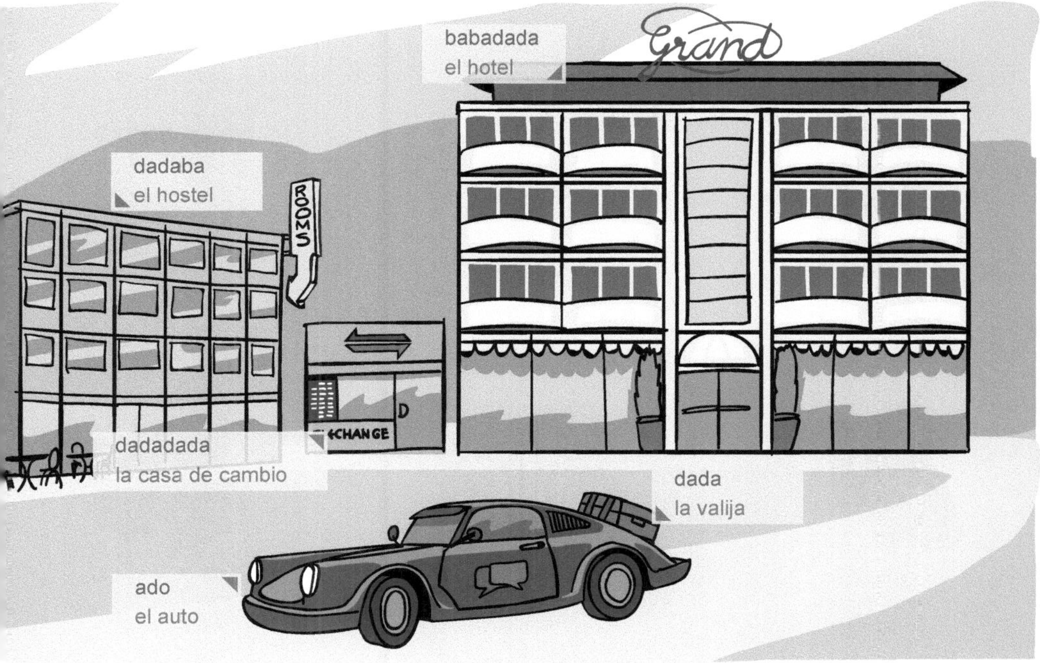
babadada
el hotel
Grand
dadaba
el hostel
ROOMS
dadadada
la casa de cambio
CHANGE
dada
la valija
ado
el auto

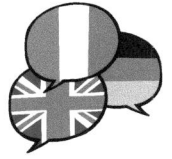

dadadada
el idioma

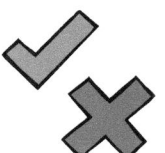

da / meh
sí / no

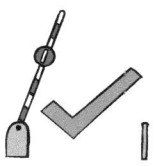

Oh
Está bien

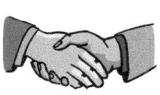

ba
hola

dada
el traductor

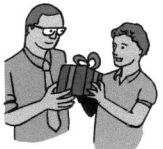

dada
Gracias

bababba

¿cuánto cuesta…?

ah

No entiendo

dadaba

el problema

ba dada

¡Buenas tardes!

babadada

¡Buenos días!

heia!

¡Buenas noches!

dadaba

el adiós

badada

la dirección

dada

el equipaje

babababa

el bolso

babababa

la mochila

baba

el invitado

dadadada

la habitación

dadadada

la bolsa de dormir

dada

la carpa

dadadada

la información turística

badada

la playa

babadada

la tarjeta de crédito

dadababa

el desayuno

baba

el almuerzo

bababa

la cena

dada

el pasaje

dada

el ascensor

babadada

el sello

badada

la frontera

dadaba

la aduana

babadada

la embajada

dadaba

la visa

dada da da da

el pasaporte

dadadada
el transporte

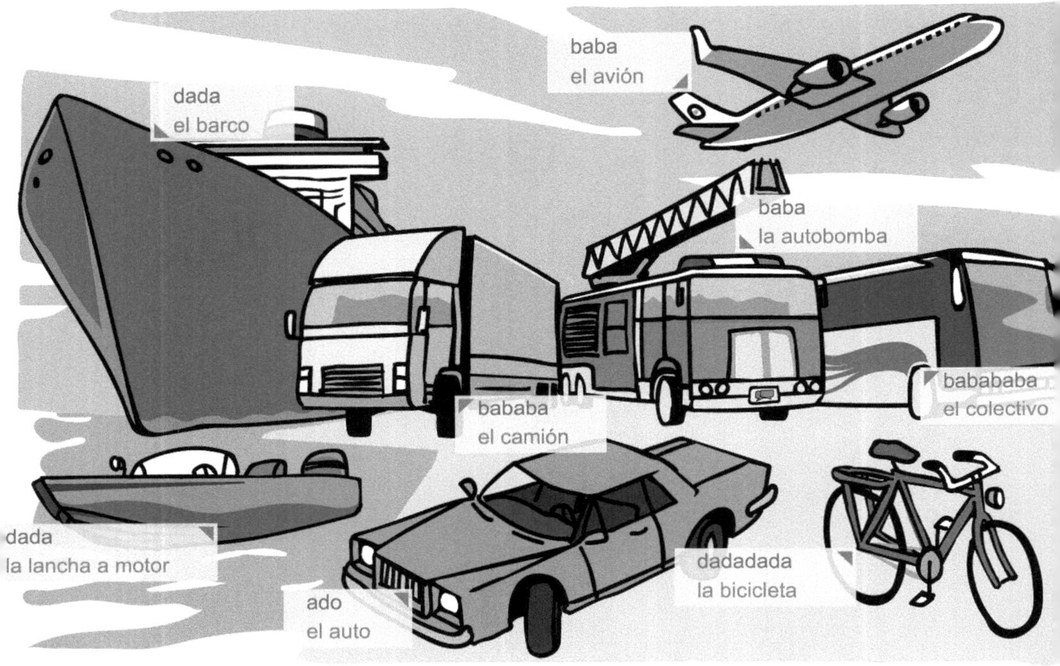

baba
el avión

dada
el barco

baba
la autobomba

babababa
el colectivo

bababa
el camión

dada
la lancha a motor

dadadada
la bicicleta

ado
el auto

babadada

el ferry

baba

el bote

bababa

la moto

ado

el patrullero

ado

el auto de carreras

auto

el auto de alquiler

dada

el alquiler de autos

ado

la grúa

ado

el camión de la basura

brumbrum!

el motor

bababa

la nafta

dada

la estación de servicio

dadaba

la señal de tránsito

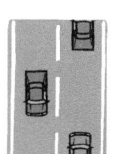

badada

el tránsito

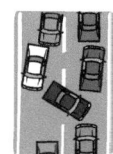

ado ado

el embotellamientc

babadada

el estacionamiento

babababa

la estación de tren

dada

las vías

dadaba

el tren

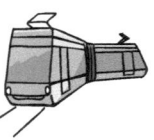

baba

el tranvía

dadaba

el vagón

baba

el helicóptero

baba

el aeropuerto

dadaba

la torre

baba

el pasajero

badada

el contenedor

dada

la caja de cartón

baba

la carretilla

dadadada

la canasta

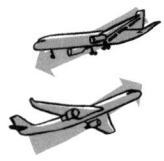

da / bada

despegar / aterrizar

dadaba

la ciudad

bababa

el pueblo

dadababa

el centro de la ciudad

dadaba

la casa

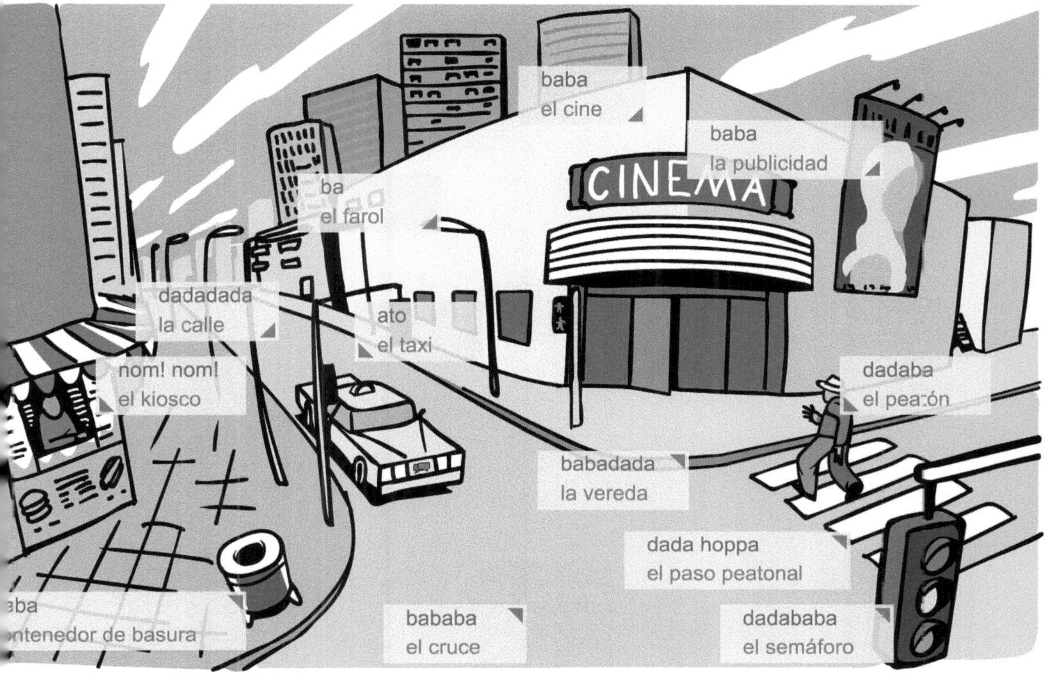
baba
el cine
baba
la publicidad
CINEMA
ba
el farol
dadadada
la calle
ato
el taxi
nom! nom!
el kiosco
dadaba
el peatón
babadada
la vereda
dada hoppa
el paso peatonal
ba
ntenedor de basura
bababa
el cruce
dadababa
el semáforo

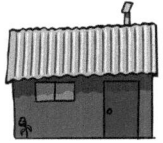

babadada

la cabaña

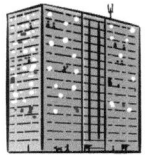

dadadada

el departamento

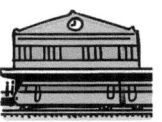

babababa

la estación de tren

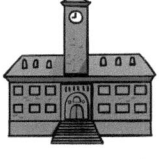

dadaba

la municipalidad

MUSEUM

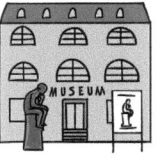

bababa

el museo

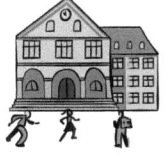

baba

el colegio

bababab
la universidad

dadadada
el banco

aua!
el hospital

babadada
el hotel

aua!
la farmacia

baba
la oficina

bababa
la librería

ba
el negocio

dadaba
la florería

dada nom nom
el supermercado

dadadada
el mercado

dadadada
las grandes tiendas

nom! nom!
la pescadería

baba
el centro comercial

ba
el puerto

dadadada

el parque

baba

el banco

bababababa

el puente

dadadada

las escaleras

bababa

el subte

baba

el túnel

ba

la parada del colectivo

babababa

el bar

nom nom!

el restaurante

dadaba

el buzón

dada

el letrero

baba

el parquímetro

bababa

el zoológico

dada

la pileta

baba

la mezquita

dadaba
....
la granja

dadababa
....
la contaminación

bababa
....
el cementerio

ba
....
la iglesia

dadababa
....
los juegos infantiles

bababa
....
el templo

dada

el paisaje

baba
la hoja

baba
el poste indicador

dada
el camino

bababa
la pradera

baba
la piedra

dada
el excursionista

dadababa
el árbol

bababa
el río

dada
la hierba

mama!
la flor

badada

el valle

bababa

la montaña

dadadada

el lago

dadadada

el bosque

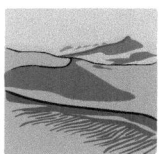

dadababa

el desierto

dadaba

el volcán

babababa

el castillo

dadaba

el arco iris

bababa

el champiñón

dadababa

la palmera

aua!

el mosquito

badada

la mosca

dadababa

la hormiga

summ summ

la abeja

dada

la araña

dadaba

el escarabajo

quak

la rana

dadababa

la ardilla

dadaba

el erizo

baba

la liebre

gackgack

la lechuza

gackgack

el pájaro

gackgack

el cisne

babadada

el jabalí

dadadada

el ciervo

dadadada

el alce

dadadada

la presa

ba

el aerogenerador

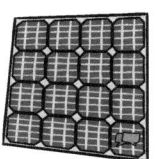

dadadada

el panel solar

bababa

el clima

dadadada
el mozo

baba
el menú

dadaba
la silla

nom! nom!
la sopa

nom nom!
la pizza

bababababa
el mantel

ba
los cubiertos

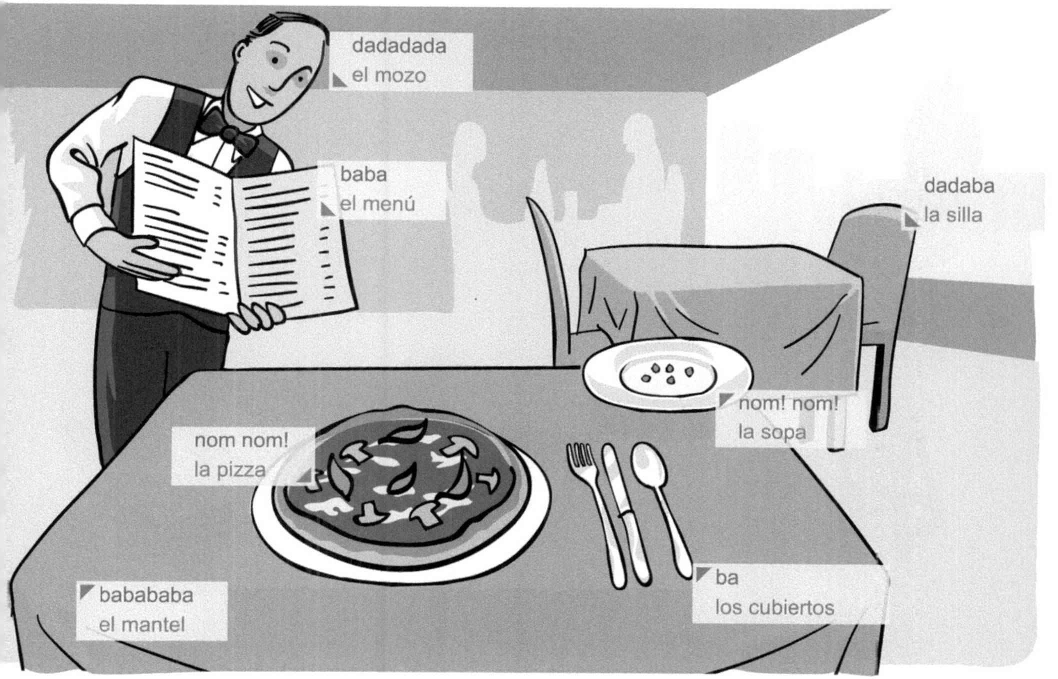

nom! nom!
la entrada

nom! nom!
el plato principal

nom nom!
el postre

dadababa
las bebidas

nom nom!
la comida

nom nom!
la botella

nom! nom!

la comida rápida

nom! nom!

la comida callejera

babababa

la tetera

nom! nom!

la azucarera

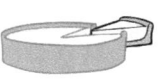

nom nom!

la porción

dadaba

la cafetera expreso

bababa

la sillita alta

ba

la cuenta

bababa

la bandeja

ba

el cuchillo

babadada

el tenedor

dadaba

la cuchara

bababa

la cucharita

dadaba

la servilleta

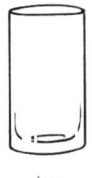

ba

el vaso

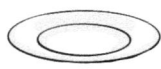

nom nom!

el plato

bababa

el plato hondo

bababa

el plato

nom! nom!

la salsa

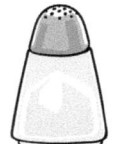

dadadada

el salero

dadaba

el molinillo de pimienta

bähbäh

el vinagre

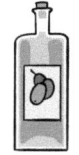

dadababa

el aceite

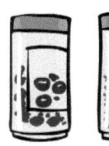

dadababa

las especias

nom! nom!

el kétchup

nom! nom!

la mostaza

nom nom!

la mayonesa

dada nom nom

el supermercado

dadababa
la oferta especial
FOR
dadaba
el cliente
dadaba
los lácteos
nom nom!
la fruta
baba
el changuito

BUTCHERS

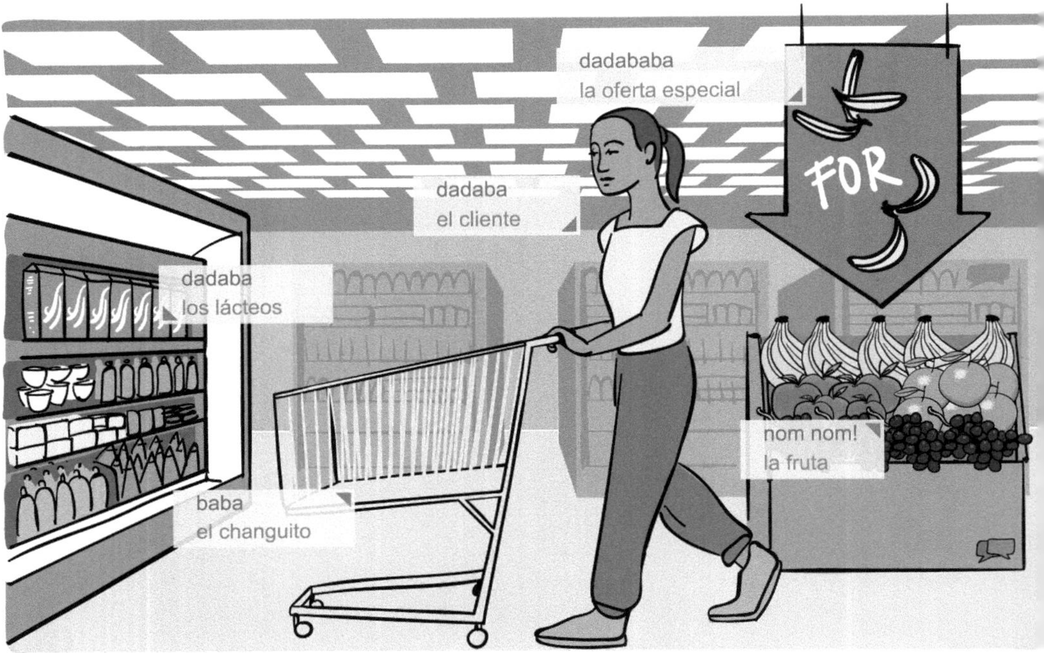

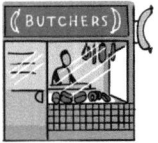

dadaba

la carnicería

BAKERY

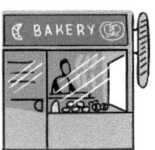

nom! nom!

la panadería

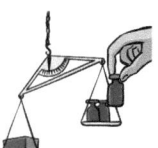

bababa

pesar

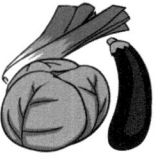

bähbäh

las verduras

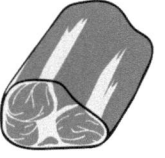

nom nom!

la carne

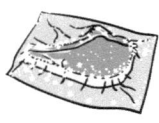

nomnom

los alimentos congelados

nom nom!

los fiambres

nomnom

los alimentos enlatados

bababa

el detergente en polvo

baba

las golosinas

dadaba

los electrodomésticos

dadababa

los productos de limpieza

bababa

la vendedora

bababa

la caja

dadaba

el cajero

dada

la lista de compras

dadababa

el horario de atención

baba

la billetera

babadada

la tarjeta de crédito

dadababa

la cartera

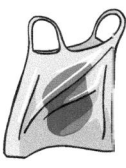

dadababa

la bolsa de plástico

las bebidas

wasa
el agua

dadadada
el jugo

badada
la leche

ba
la bebida cola

bababa
el vino

dadadada
la cerveza

dadaba
el alcohol

bababa
el cacao

dadababa
el té

dada
el café

dadaba
el café expreso

dadababa
el cappuccino

nane

la banana

nom nom!

la manzana

bababa

la naranja

nom nom!

el melón

nom nom!

el limón

bähbäh

la zanahoria

bada meh

el ajo

dadaba

el bambú

dadaba

la cebolla

nom nom!

el champiñón

nom nom!

las nueces

nom nom!

los fideos

nom nom!

los tallarines

nom nom!

el arroz

nom nom!

la ensalada

nom nom!

las papas fritas

nom nom!

las papas fritas

nom nom!

la pizza

nom nom!

la hamburguesa

nom nom!

el sándwich

nom nom!

el churrasco

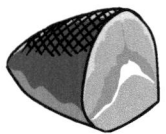

nom nom!

el jamón

nom nom!

el salame

nom nom!

la salchicha

gack gack

el pollo

nom nom!

el asado

nom nom!

el pescado

nom nom!

los copos de avena

bähbäh

el muesli

nom nom!

los copos de maíz

nom nom!

la harina

nom nom!

la medialuna

babadada

el pancito

nom! nom!

el pan

nom nom!

la tostada

nom nom!

las galletitas

nom nom!

la manteca

nom nom!

la cuajada

nom nom

la torta

dadaba

el huevo

nom nom!

el huevo frito

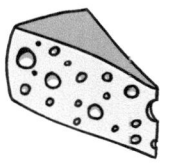

bada muh

el queso

nom nom!

el helado

nom nom!

el azúcar

baba summ

la miel

nom nom!

la mermelada

nom nom!

la pasta de chocolate

babadada

el curry

dadaba
la granja

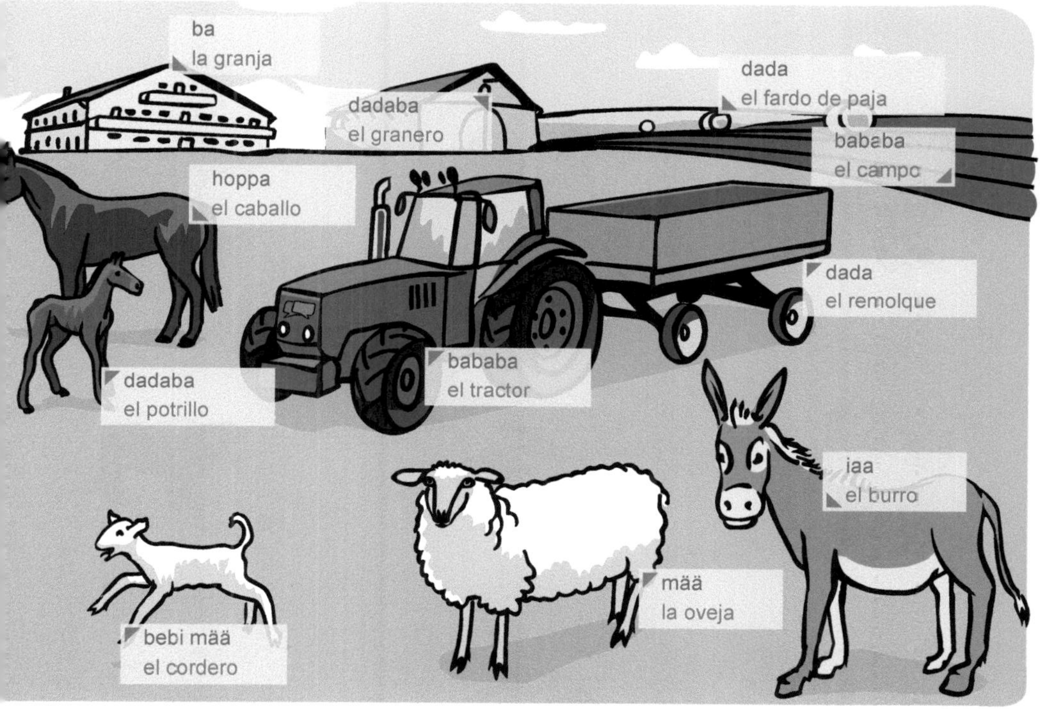

ba
la granja
dadaba
el granero
dada
el fardo de paja
bababa
el campo
hoppa
el caballo
dada
el remolque
bababa
el tractor
dadaba
el potrillo
iaa
el burro
mäa
la oveja
bebi mäa
el cordero

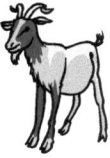

baba

la cabra

muh

la vaca

mimuh

el ternero

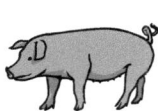

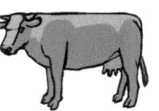

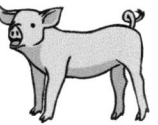

mama oink

el cerdo

oink

el lechón

dadadada

el toro

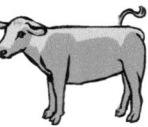

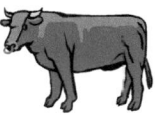

gackgack

el ganso

gackquack

el pato

gacki

el pollo

gackgack

la gallina

gacko

el gallo

dada

la rata

mau

el gato

bababa

el ratón

muh

el buey

wauwau

el perro

wauwau

la cucha

baba

la manguera

dadababa

la regadera

baba

la guadaña

dadababa

el arado

baba

la hoz

dadadada

la azada

dada

la horquilla

bababa

el hacha

babababa

la carretilla

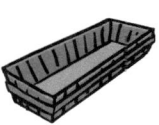

baba

el abrevadero

dada muh

la lechera

dadababa

la bolsa

badada

la reja

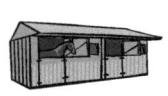

dadadada

el establo

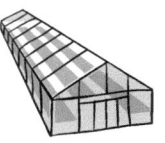

ba

el invernadero

babadada

el suelo

baba

la semilla

baba

el fertilizador

dadababa

la cosechadora

bababa
cosechar

dadadada
la cosecha

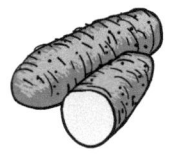

dadaba
las batatas

dadababa
el trigo

dadababa
la soja

bababa
la papa

badada
el maíz

bababa
la semilla de colza

bababa
el árbol frutal

dadadada
la mandioca

dadababa
los cereales

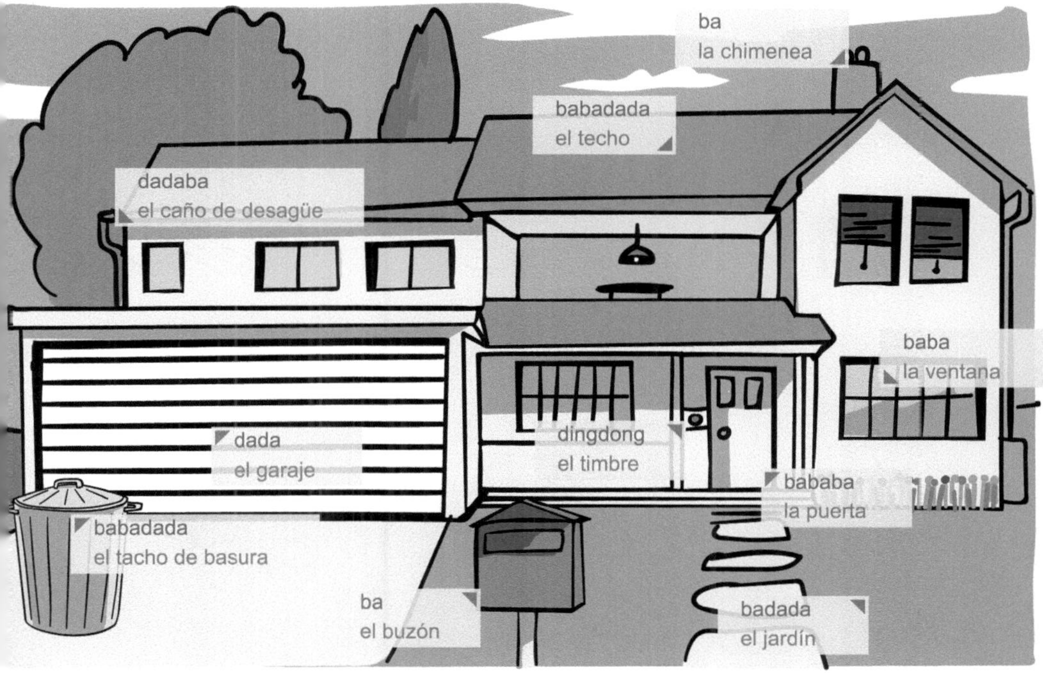

ba
la chimenea

babadada
el techo

dadaba
el caño de desagüe

baba
la ventana

dada
el garaje

dingdong
el timbre

babadada
el tacho de basura

bababa
la puerta

ba
el buzón

badada
el jardín

dadadada
el living

bababa
el baño

bababa
la cocina

dadababa
el dormitorio

meina
el cuarto de los chicos

dadaba
el comedor

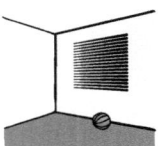

badada

el piso

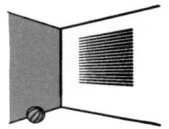

dadababa

la pared

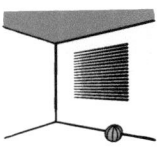

bababa

el cielorraso

dada

el sótano

dadababa

el sauna

babababa

el balcón

dadadada

la terraza

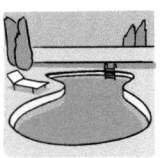

bababa

la pileta

baba

la cortadora de pasto

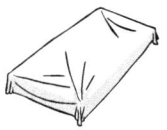

dadaba

la sábana

babadada

el acolchado

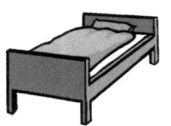

heia!

la cama

dada

la escoba

dadaba

el balde

dadababa

el interruptor

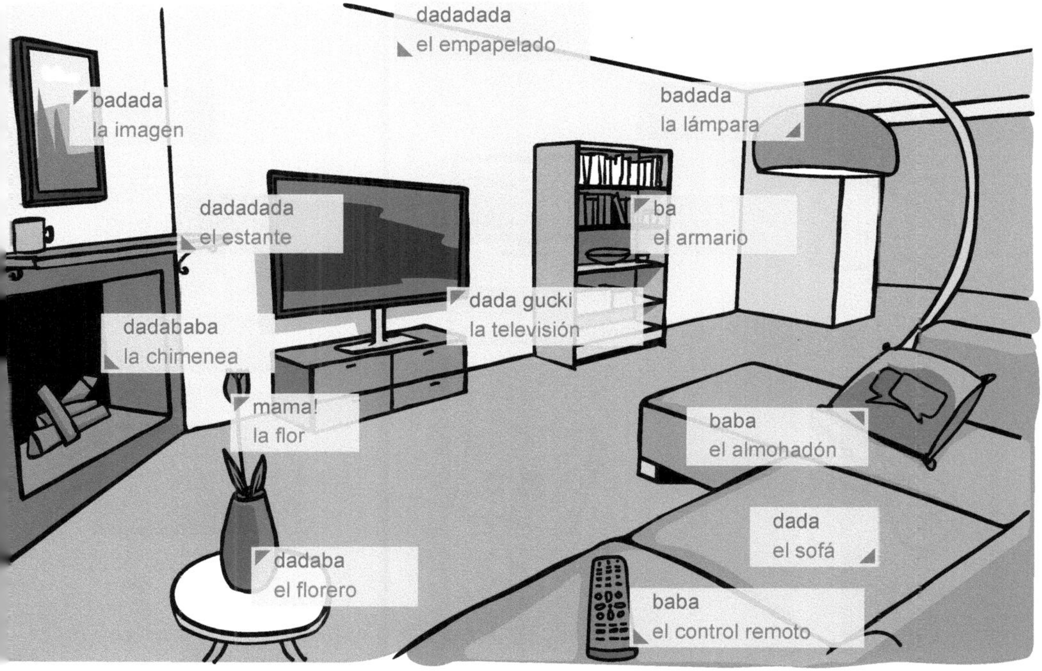

dadadada
el empapelado

badada
la imagen

badada
la lámpara

dadadada
el estante

ba
el armario

dadababa
la chimenea

dada gucki
la televisión

mama!
la flor

baba
el almohadón

dada
el sofá

dadaba
el florero

baba
el control remoto

dada

la alfombra

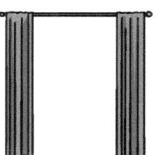

bababa

la cortina

ba

la mesa

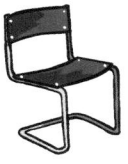

dadaba

la silla

dadadada

la mecedora

bababa

el sillón

dadaba

el libro

dadadada

la frazada

dadaba

la decoración

ba

la leña

dadadada

la película

lala

el equipo de música

babadada

la llave

dadadada

el diario

dadadada

la pintura

bababa

el póster

lala

la radio

dadababa

el cuaderno

babadada

la aspiradora

aua!

el cactus

babadada

la vela

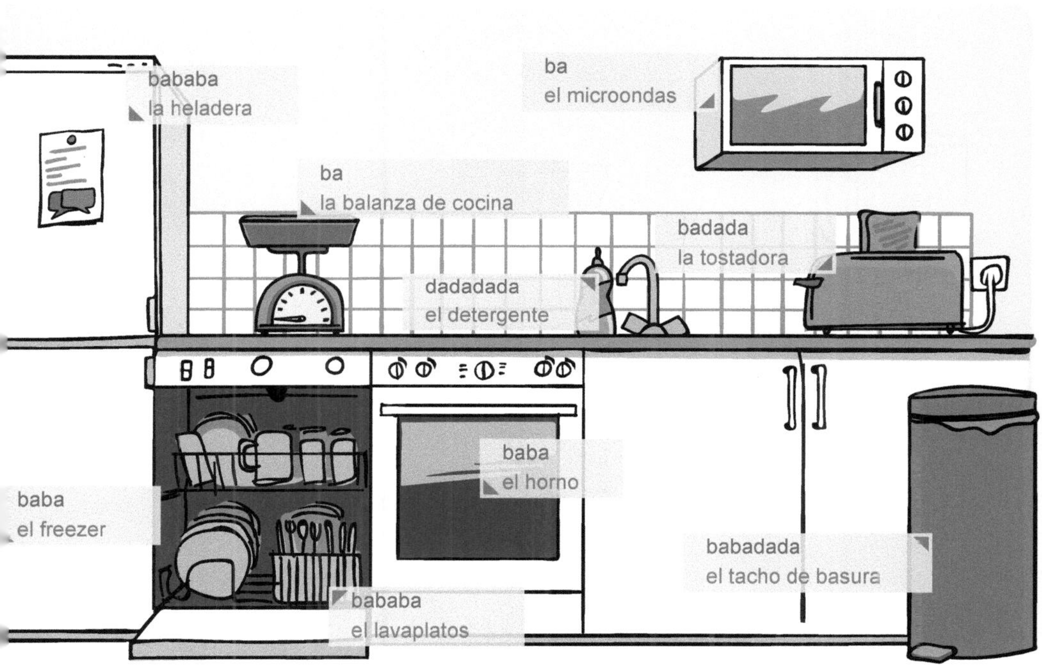

bababa
la heladera

ba
el microondas

ba
la balanza de cocina

badada
la tostadora

dadadada
el detergente

baba
el horno

baba
el freezer

babadada
el tacho de basura

bababa
el lavaplatos

dada
....
la cocina

dada
....
la olla

dada
....
la olla de hierro fundido

baba / dada
....
el wok

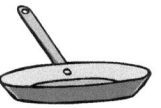

badada
....
la sartén

ba
....
la pava

dadababa

la vaporera

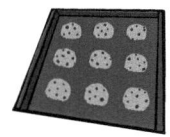

bababa

la bandeja de horno

dadaba

la vajilla

dadadada

la taza

dadaba

el bol

baba

los palitos

dadaba

el cucharón

dadadada

la espátula

badada

la batidora

dada

el colador

bababa

el colador

baba

el rallador

dadababa

el mortero

dada

la parrilla

aua!

la fogata

dadababa

la tabla de picar

bababababa

el palo de amasar

dadababa

el sacacorchos

dadadada

la lata

bababa

el abrelatas

dadababa

la manopla

dadadada

la pileta

dadababa

el cepillo

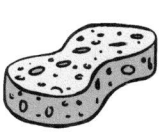

ba

la esponja

aua!

la batidora

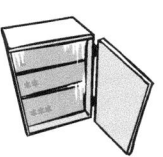

babadada

el congelador

bababa

la mamadera

dadadada

la canilla

bababa
el baño

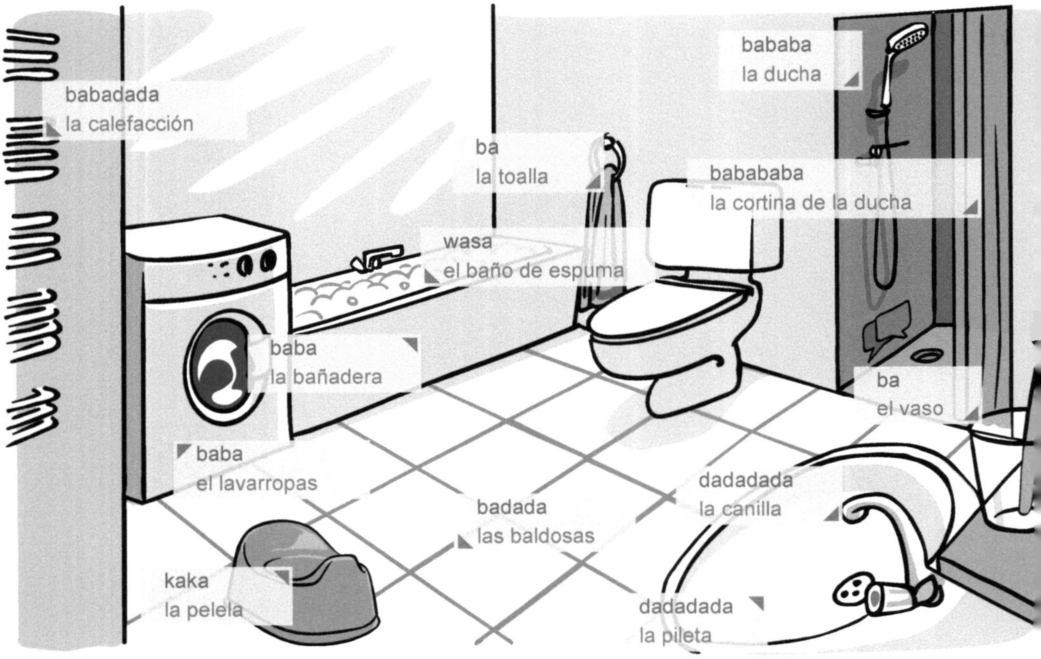

babadada
la calefacción
ba
la toalla
bababa
la ducha
babababa
la cortina de la ducha
wasa
el baño de espuma
baba
la bañadera
ba
el vaso
baba
el lavarropas
dadadada
la canilla
badada
las baldosas
kaka
la pelela
dadadada
la pileta

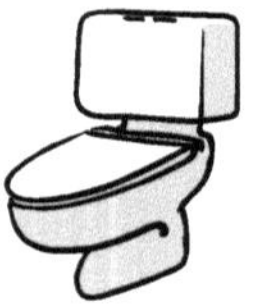

kaka
....
el inodoro

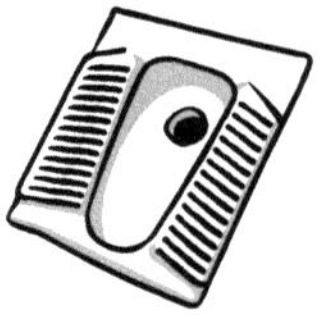

ba
....
la letrina

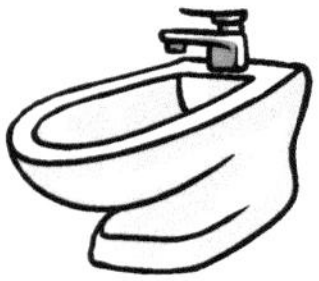

dadababa
....
el bidé

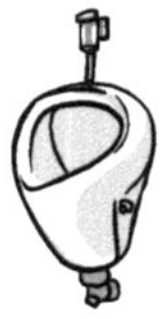

dadababa
....
el mingitorio

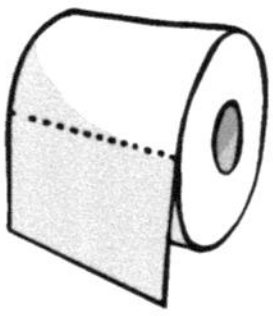

kaka
....
el papel higiénico

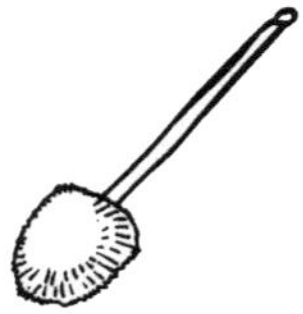

bababa
....
el cepillo para el inodoro

bababa

el cepillo de dientes

nom! nom!

el dentífrico

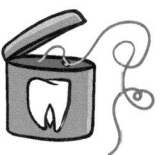

dadadada

el hilo dental

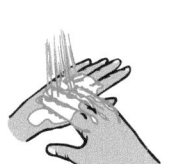

bababa

lavar

babababa

la ducha de mano

dadadada

la ducha higiénica

badada

la palangana

dadadada

el cepillo para la espalda

nom! nom!

el jabón

nom! nom!

el gel de ducha

nom! nom!

el shampoo

babadada

la toallita

dadaba

el desagüe

nom! nom!

la crema

babababa

el desodorante

dadadada

el espejo

dadadada

el espejito

ba

la maquinita de afeitar

nom! nom!

la espuma de afeitar

nam! nam!

el aftershave

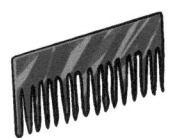

dadababa

el peine

baba

el cepillo

dadadada

el secador de pelo

badada

el spray

dadaba

el maquillaje

mama!

el lápiz de labios

ba

el esmalte para uñas

bababa

el algodón

dadadada

la tijera para uñas

bababa

el perfume

dadadada

el portacosméticos

bababa

la banqueta

dadadada

la balanza

ba

la bata

babababa

los guantes de goma

ba

el tampón

bababa

la toallita femenina

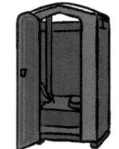

baba

el baño químico

meina
el cuarto de los chicos

bababa
el despertador
bababa
el peluche
auto
el coche de juguete
dadadada
el sonajero
bababa
la casa de muñecas
babababa
el regalo

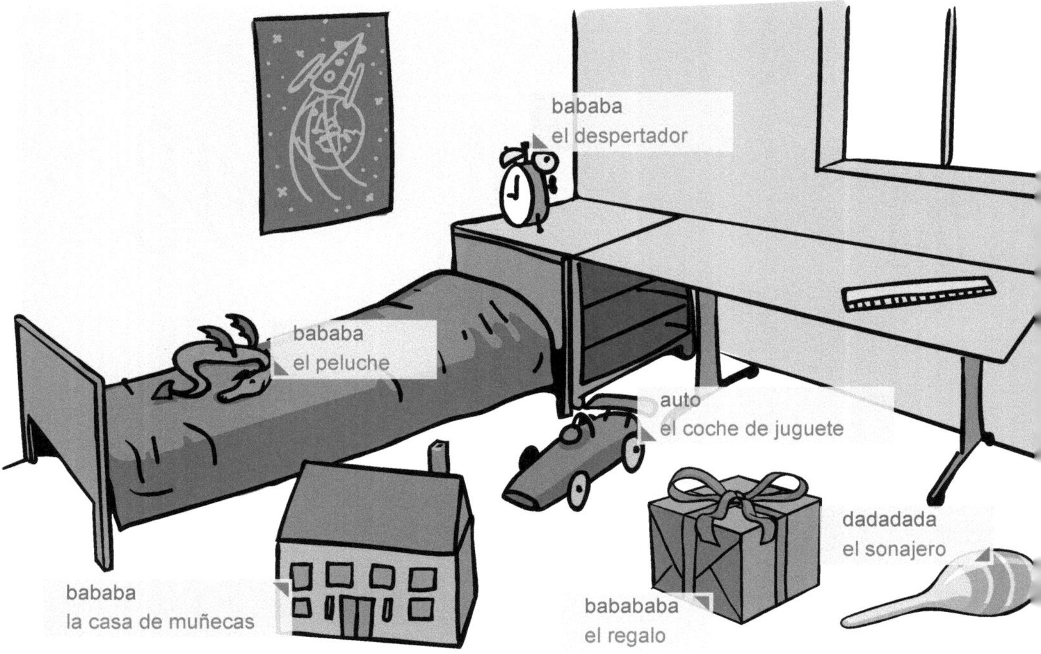

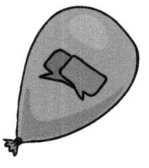

dadadada

el globo

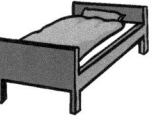

heia!

la cama

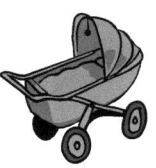

dadaba

el cochecito

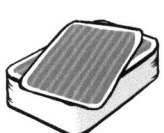

dadababa

las cartas

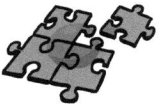

bababa

el rompecabezas

SUPER
MEGA

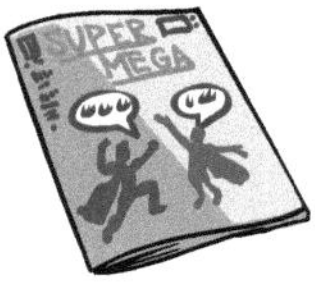

dadababa

la historieta

badada

las piezas de lego

badada

los ladrillos de juguete

dada

la figura de acción

dadadada

el enterito (de bebé)

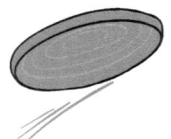

dadaba

el frisbee

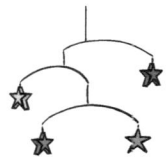

dadaba

el móvil para bebés

ba

el juego de mesa

baba

los dados

dadababa

el tren eléctr co

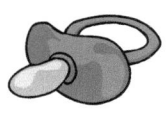

lula

el chupete

baba

la fiesta

dadaba

el libro de cuentos ilustrado

dada

la pelota

dada

la muñeca

badada

jugar

dadaba

el arenero

bababababa

la hamaca

dadababa

los juguetes

dadaba

la consola de videojuegos

babadada

el triciclo

dadababa

el osito de peluche

dadaba

el armario

baba

la ropa

dadadada

las medias

ba

las medias panty

dada

las calzas

bababa
la bufanda

bababa
el paraguas

badada
la remera

dadababa
el cinturón

baba
las botas

baba
las pantuflas

ba
las zapatillas

bababa
....
las sandalias

badada
....
los zapatos

dada
....
las botas de goma

ba
....
la ropa interior

baba
....
el corpiño

dadadada
....
el chaleco

badada

el body

ba

los pantalones

bababa

los jeans

dada

la pollera

bababa

la blusa

dadadada

la camisa

baba

el pulóver

baba

el buzo

babadada

el blazer

baba

la campera

bababa

el tapado

dadababa

el piloto

bababa

el traje

ba

el vestido

dadaba

el vestido de novia

dadadada

el traje

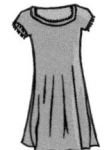

babababa

el camisón

heia

el pijama

baba

el sari

dadadada

el pañuelo para la cabeza

dada

el turbante

dada

la burka

baba

el caftán

dadadada

la abaya

wasa

el traje de baño

bababa

el short de baño

dadababa

los shorts

babababa

el jogging

baba

el delantal

babababa

los guantes

dadaba

el botón

babadada

los anteojos

dada

la pulsera

dadababa

el collar

bababa

el anillo

dadababa

el aro

dada

la gorra

babadada

la percha

dadababa

el sombrero

bababa

la corbata

badada

el cierre

dadaba

el casco

dada

los tiradores

babadada

el uniforme escolar

babababa

el uniforme

namnam

el babero

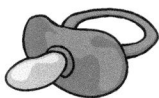

lula

el chupete

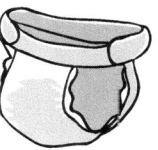

kaka!

el pañal

baba
la oficina

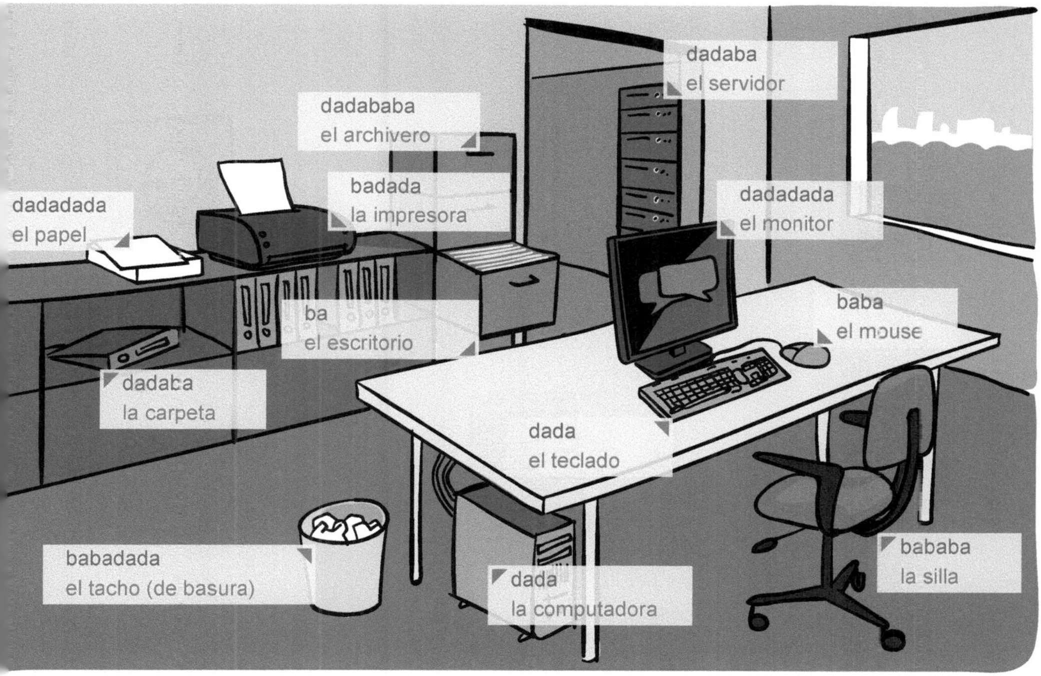

dadaba
el servidor

dadababa
el archivero

badada
la impresora

dadadada
el papel

dadadada
el monitor

ba
el escritorio

baba
el mouse

dadaba
la carpeta

dada
el teclado

babadada
el tacho (de basura)

bababa
la silla

dada
la computadora

dada

la taza de café

bababa

la calculadora

da da

el internet

papa!

la laptop

dadababa

la carta

ba

el mensaje

fon

el celular

bababa

la red

ba

la fotocopiadora

bababa

el software

dada bing

el teléfono

aua!

el tomacorriente

bababa

el fax

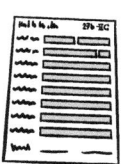

dadaba

el formulario

bababa

el documento

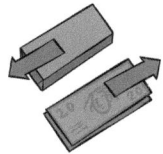

baba

comprar

dadadada

pagar

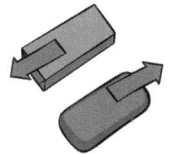

dadaba

hacer negocios

badada

el dinero

babadada

el dólar

dadaba

el euro

bababa

el yen

ba

el rublo

dada

el franco suizo

dada

el yuan

ba

la rupia

ba

el cajero automático

dadadada
....
la casa de cambio

dadadada
....
el oro

baba
....
la plata

dadadada
....
el petróleo

ba
....
la energía

dadadada
....
el precio

baba
....
el contrato

bababa
....
el impuesto

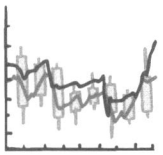

dadadada
....
la acción

dadaba
....
trabajar

dadadada
....
el empleado

dadababa
....
el empleador

dadaba
....
la fábrica

ba
....
el negocio

ba
las ocupaciones

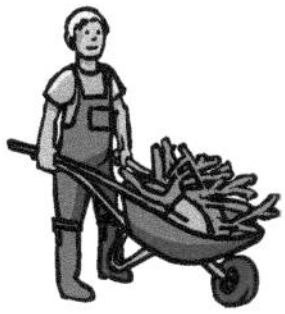

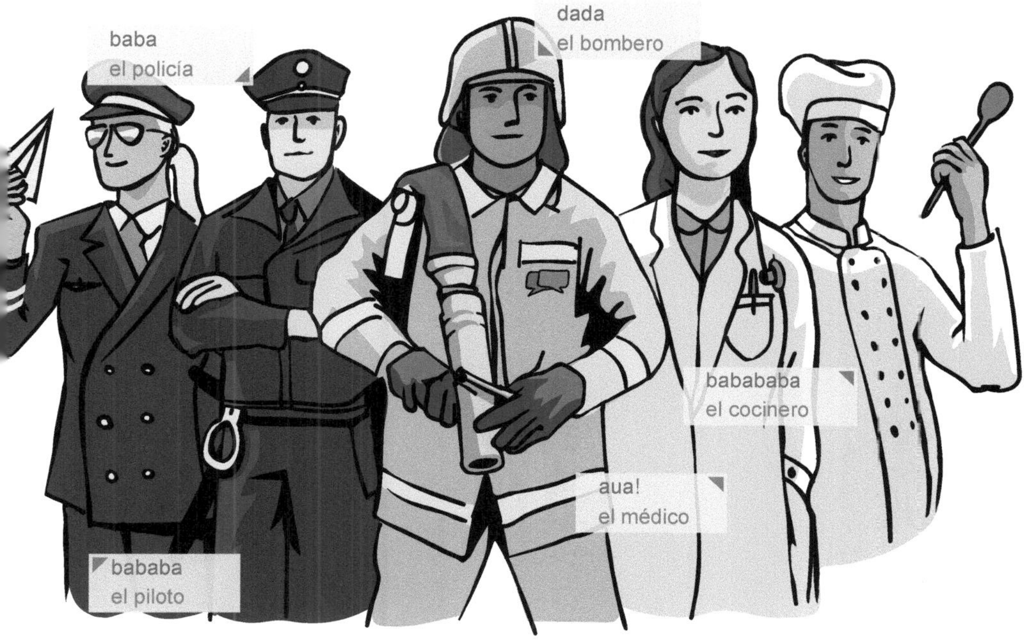

baba
el policía
dada
el bombero
bababa
el piloto
babababa
el cocinero
aua!
el médico

bababa
el jardinero

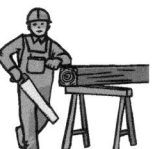

bababa
el carpintero

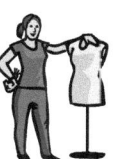

baba
la modista

bababa
el juez

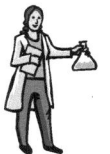

dadaba
el farmacéutico

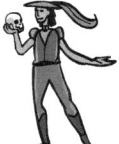

dadababa
el actor

ba

el colectivero

auto mann

el taxista

bababa

el pescador

dadadada

la mucama

dadadada

el techista

dadadada

el mozo

badada

el cazador

dadadada

el pintor

dadababa

el panadero

papa!

el electricista

babababa

el albañil

bababa

el ingeniero

dadababa

el carnicero

dadadada

el plomero

bababa

el cartero

dadadada

el soldado

ba

el arquitecto

dadaba

el cajero

bababa

el florista

babadada

el peluquero

bababa

el cobrador

dadaba

el mecánico

dada

el capitán

badada

el dentista

ba

el científico

bababa

el rabino

dadaba

el imán

dada

el monje

dadadada

el sacerdote

dada

las herramientas

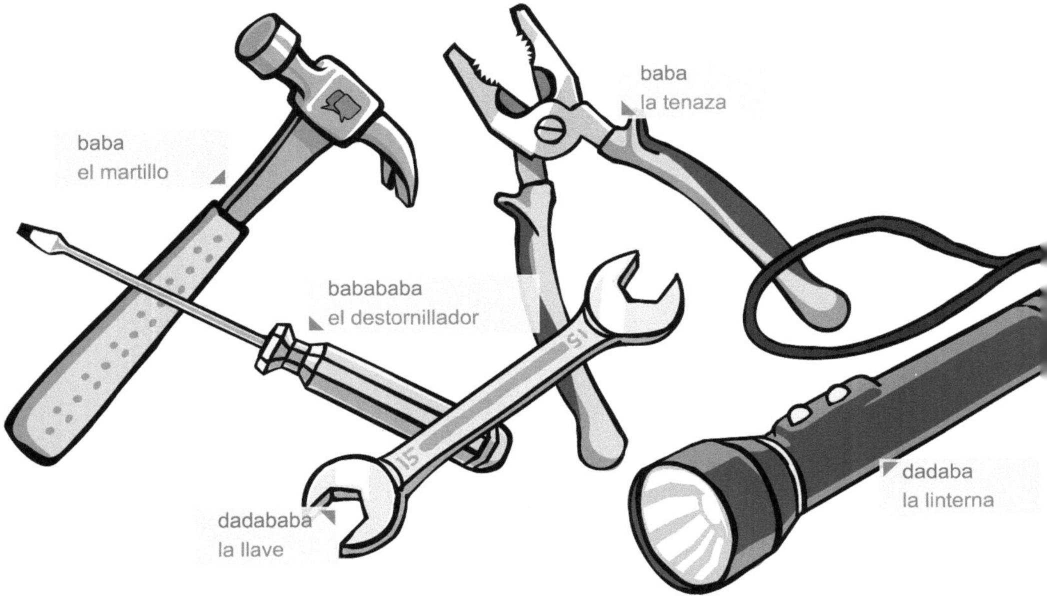
baba
la tenaza
baba
el martillo
bababababa
el destornillador
dadaba
la linterna
dadababa
la llave

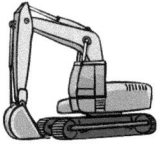

dadaba

la excavadora

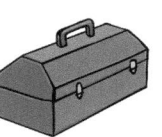

baba

la caja de herramientas

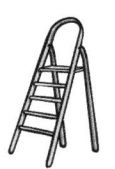

bababa

la escalera portátil

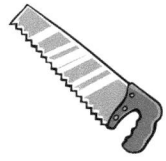

dadaba

la sierra

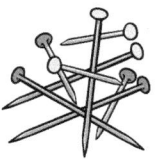

babadada

los clavos

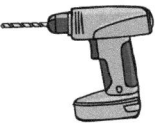

dada

el taladro

dadababa

....

arreglar

dada

....

la pala de jardín

aua!

....

¡Qué bronca!

dada

....

la pala de plástico

dadaba

....

el tacho de pintura

babababa

....

los tornillos

babába

los instrumentos musicales

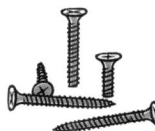

boom boom
el parlante

bungas
la batería

ba
la guitarra

dadababa
el contrabajo

bombede
la trompeta

bingbing

el piano

bababa

el violín

ba

el bajo

badada

los timbales

bunga bunga

el tambor

badada

el teclado

dadababa

el saxofón

dadababa

la flauta

dadadada

el micrófono

bababa
el zoológico

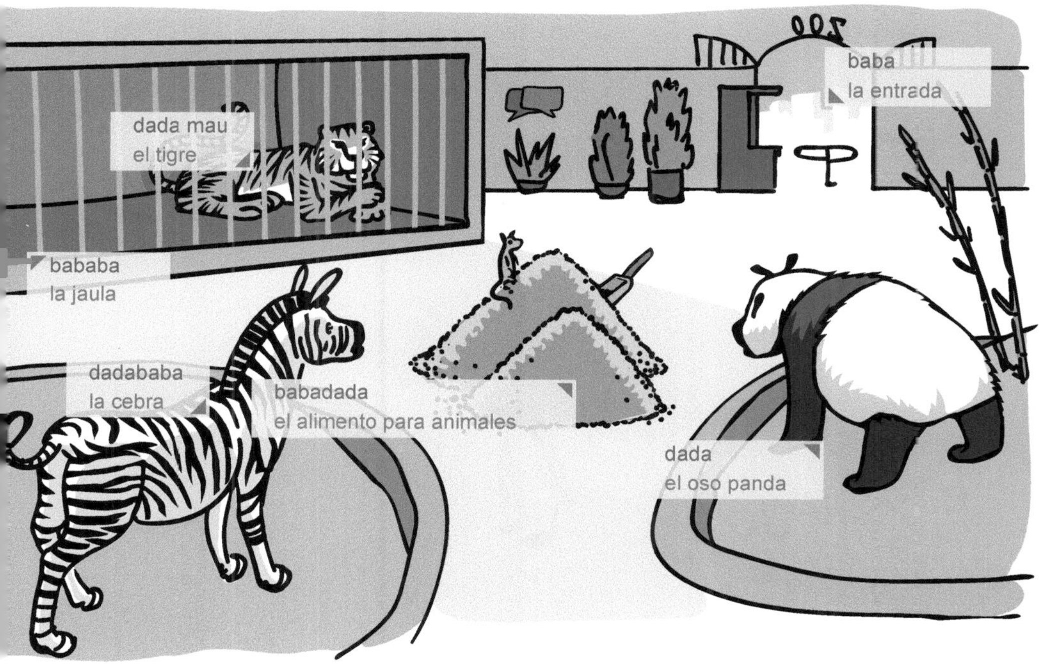
baba
la entrada
dada mau
el tigre
bababa
la jaula
dadababa
la cebra
babadada
el alimento para animales
dada
el oso panda

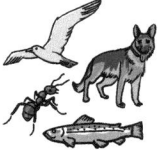

dadadada

los animales

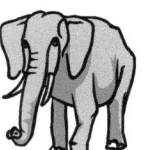

bababa

el elefante

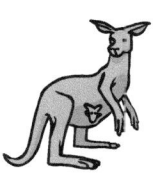

dadaba

el canguro

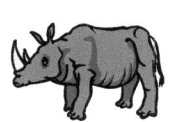

babadada

el rinoceronte

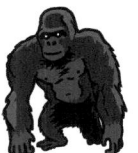

dada

el gorila

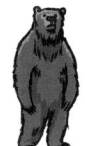

babababa

el oso

dadaba

el camello

gackgack

el avestruz

babadada

el león

dadaba

el mono

gackgack

el flamenco

bababa

el loro

bababa

el oso polar

dada

el pingüino

bababa

el tiburón

dadaba

el pavo real

badada

la serpiente

babababa

el cocodrilo

dadadada

el cuidador del zoológico

dada

la foca

bababa

el jaguar

ei!

el poni

dadadada

el leopardo

dada

el hipopótamo

bababababa

la jirafa

bababa

el águila

babadada

el jabalí

nom nom!

el pescado

dadadada

la tortuga

anje

la morsa

dadadada

el zorro

bababa

la gacela

dadababa
el fútbol americano

dadaba
el ciclismo

bum bum
el tenis

ball
el básquet

badada
la natación

baba
el hockey sobre hielo

aua!
el boxeo

dadadada
el fútbol

badada
el bádminton

dadababa
el atletismo

ball
el handball

dadadada
el esquí

baba
el polo

baba
reír

dada
saltar

bababa
abrazar

dada
caminar

dadababa
cantar

dadababa
soñar

dadadada
rezar

mama!
besar

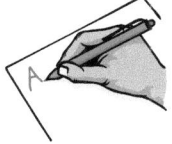

dadaba

escribir

dada

dibujar

dadababa

mostrar

dada

presionar

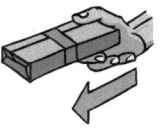

badada

dar

dadaba

tomar

dadaba

tener

dadadada

hacer

babadada

ser

dadadada

estar parado

baba

correr

dadababa

tirar

dadadada

tirar

dadaba

caer

badada

estar acostado

dadaba

esperar

bababa

llevar

ba

estar sentado

dadababa

vestirse

heia!

dormir

bababa

despertar

bababababa
mirar

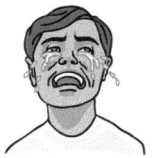

baaaaaa
llorar

dadadada
acariciar

bababa
peinar

bababa
hablar

baba
entender

badada
preguntar

dadababa
escuchar

bababa
beber

nomnom!
comer

badada
ordenar

ba
amar

badada
cocinar

dadababa
manejar

dadadada
volar

dadababa

navegar

dadababa

calcular

dadadada

leer

dadababa

aprender

dadaba

trabajar

baba

casarse

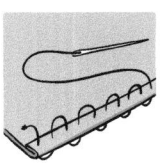

dada

coser

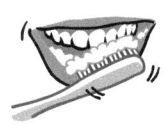

aua!

cepillarse los dientes

aua!

matar

dadababa

fumar

babababa

enviar

oma!
la abuela

opa!
el abuelo

papa!
el padre

mama!
la madre

bebi
el bebé

ba
la hija

badada
el hijo

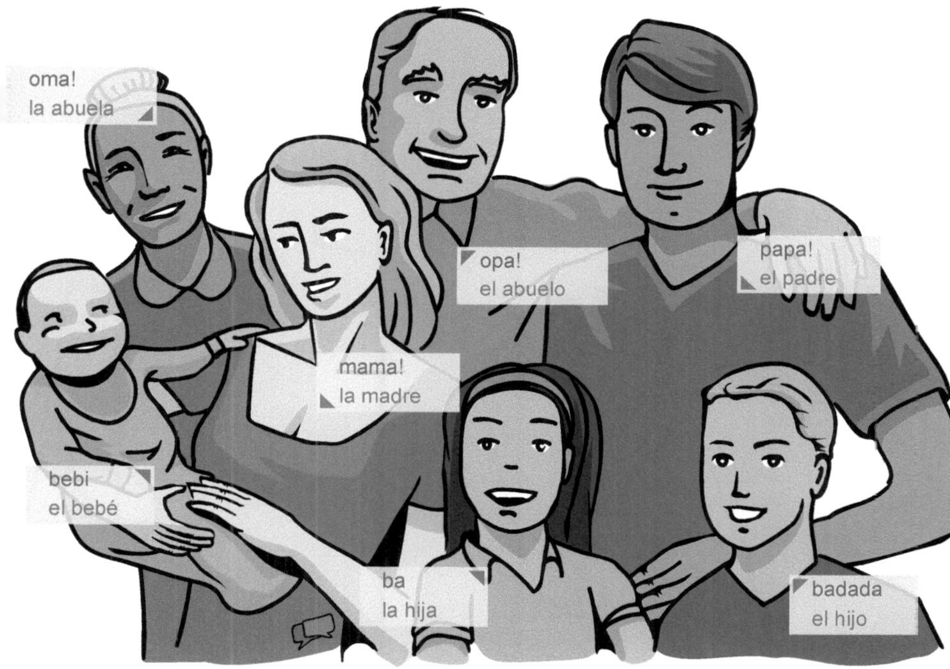

baba

el invitado

ba

la tía

bababa

el tío

nein!

el hermano

nein!

la hermana

bababa
la frente

dada
el ojo

dada
la cara

dadababa
la pera

da
el pecho

bababa
el hombro

dada
el dedo

baba
la mano

dadaba
la pierna

bababa
el brazo

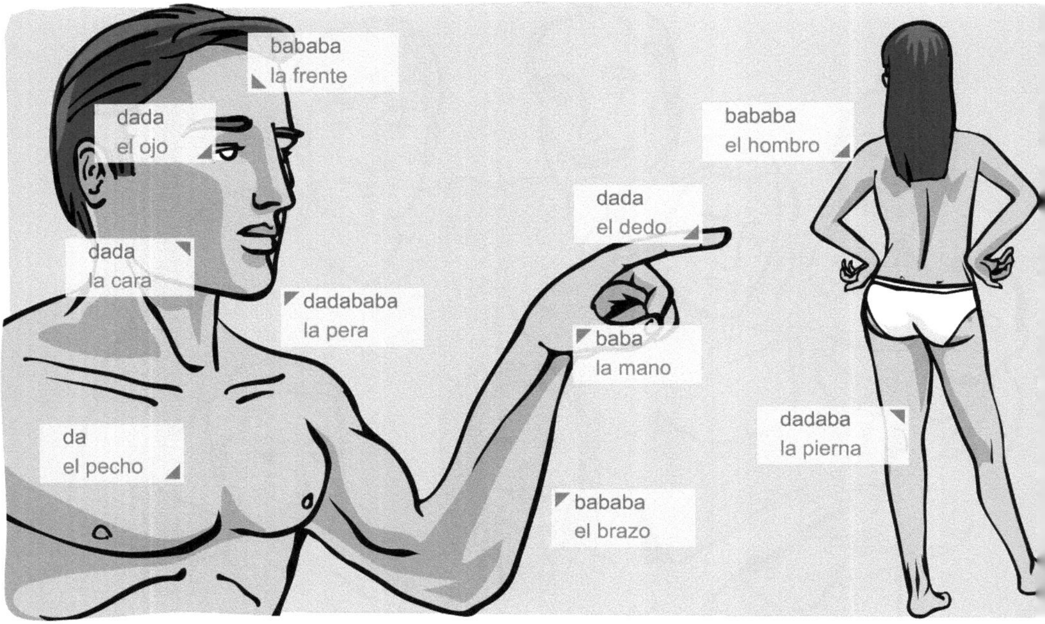

bebi

el bebé

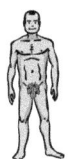

papa!

el hombre

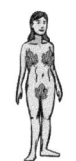

mama

la mujer

baba

la nena

babadada

el nene

bababa

la cabeza

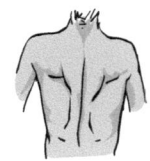

baba
....
la espalda

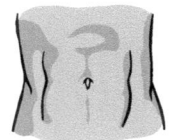

dadababa
....
la panza

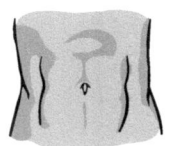

dada
....
el ombligo

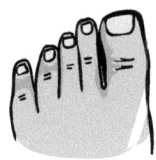

dadababa
....
el dedo del pie

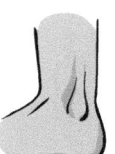

ba
....
el talón

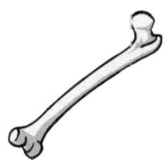

badada
....
el hueso

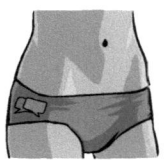

bababa
....
la cadera

dada
....
la rodilla

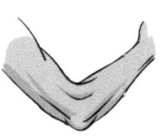

dadadada
....
el codo

bababa
....
la nariz

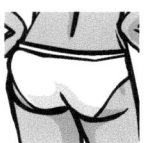

popo
....
la cola

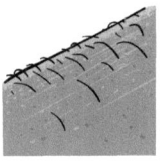

dadaba
....
la piel

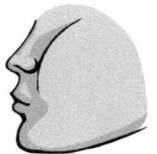

badada
....
el cachete

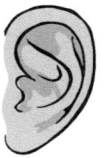

dada
....
la oreja

babababa
....
el labio

dadababa

la boca

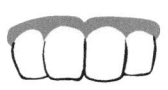

dadadada

el diente

baba

la lengua

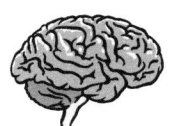

dadadada

el cerebro

baba

el corazón

dada

el músculo

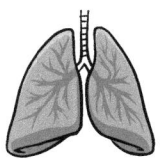

dada

el pulmón

dada

el hígado

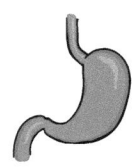

dadababa

el estómago

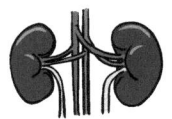

dadaba

los riñones

babadada

el sexo

dada

el preservativo

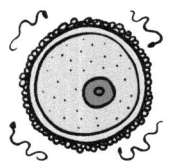

badada

el óvulo

dadababa

el semen

dadababa

el embarazo

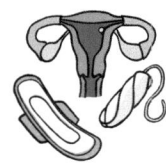

ba
....
la menstruación

mumu
....
la vagina

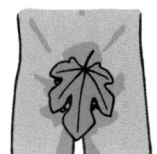

pipi
....
el pene

dada
....
la ceja

dadababa
....
el pelo

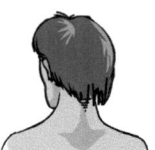

bababa
....
el cuello

aua!
el hospital

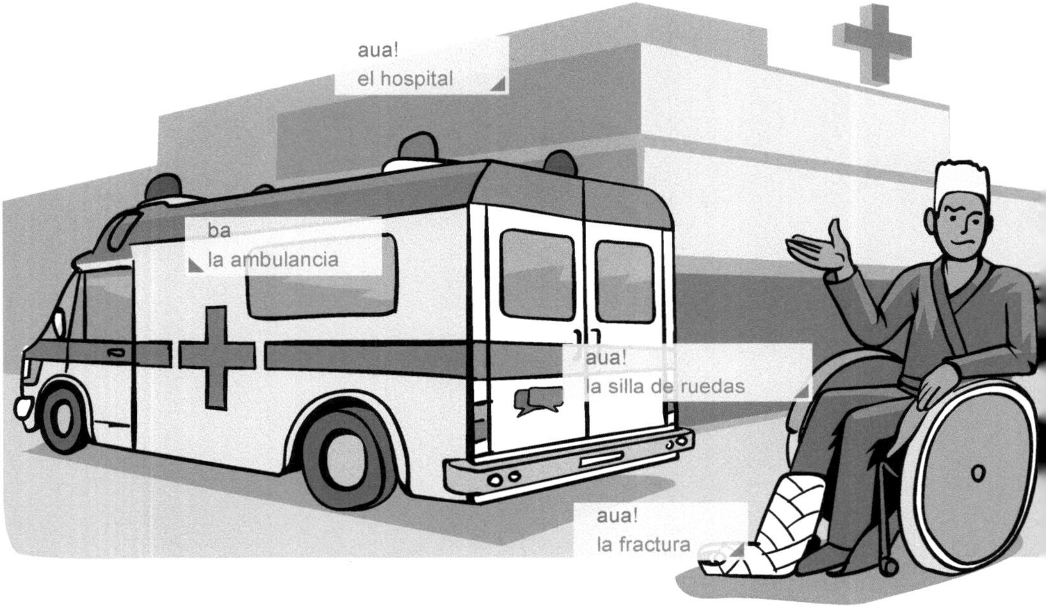

ba
la ambulancia

aua!
la silla de ruedas

aua!
la fractura

aua!

el médico

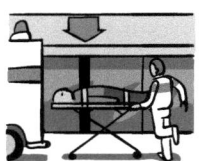

aua!

la sala de guardia

aua!

la enfermera

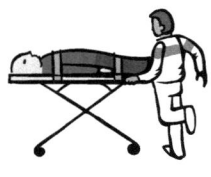

aua!

la emergencia

aua!

inconsciente

dadababa

el dolor

aua!
....
la lesión

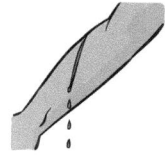

dadadada
....
la hemorragia

aua!
....
el infarto

aua!
....
el ACV

dadababa
....
la alergia

aua!
....
la tos

aua!
....
la fiebre

aua!
....
la gripe

aua!
....
la diarrea

aua!
....
el dolor de cabeza

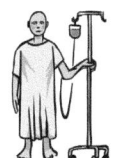

aua!
....
el cáncer

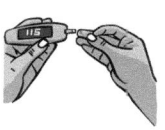

aua!
....
la diabetes

aua!
....
el cirujano

aua!
....
el bisturí

aua!
....
la operación

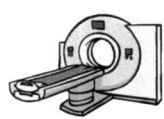

aua!

la TC

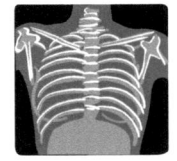

aua!

los rayos x

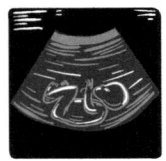

aua!

la ecografía

aua!

el barbijo

aua!

la enfermedad

aua!

la sala de espera

aua!

la muleta

aua!

la curita

dadababa

la venda

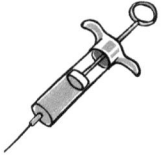

aua!

la inyección

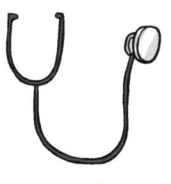

aua!

el estetoscopio

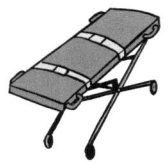

aua!

la camilla

aua!

el termómetro

aua! bebi!

el nacimiento

aua!

el sobrepeso

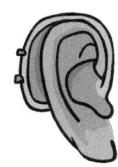

aua!
el audífono

aua!
el desinfectante

aua!
la infección

aua!
el virus

aua!
el VIH / SIDA

aua!
el remedio

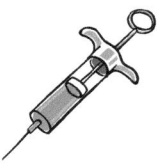

aua!
la vacunación

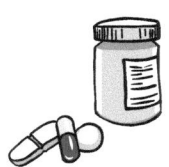

aua!
los comprimidos

dadaba
la pastilla anticonceptiva

aua!
llamada de emergencia

aua!
el tensiómetro

da / ba
enfermo / sano

aua!

¡Ayuda!

aua!

la alarma

aua!

la agresión

aua!

el ataque

aua!

el peligro

dadadada

la salida de emergencia

dadaba

¡Fuego!

dadaba

el matafuego

aua! aua!

el accidente

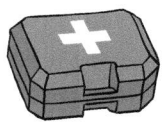

aua!

el botiquín de primeros
auxilios

baba

el SOS

dadadada

la policía

badada

Europa

dadaba

América del Norte

dadababa

América del Sur

dadaba

África

dadaba

Asia

babababa

Australia

badada

el Atlántico

dadaba

el Pacífico

baba

el Océano Índico

bababa

el Océano Antártico

dadababa

el Océano Ártico

bababa

el polo norte

dadababa

el polo sur

dadaba

la Antártida

dada

la Tierra

dadaba

la tierra

badada

el mar

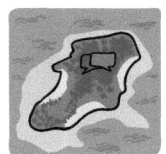

dadadada

la isla

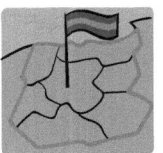

dadadada

la nación

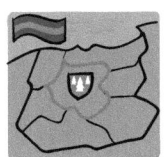

dadababa

el estado

baba

la esfera

babadada

la manecilla de las horas

baba

el minutero

bababa

el segundero

dadababa

¿Qué hora es?

babadada

el día

dada

la hora

baba

ahora

dadababa

el reloj digital

dadababa

el minuto

bababa

la hora

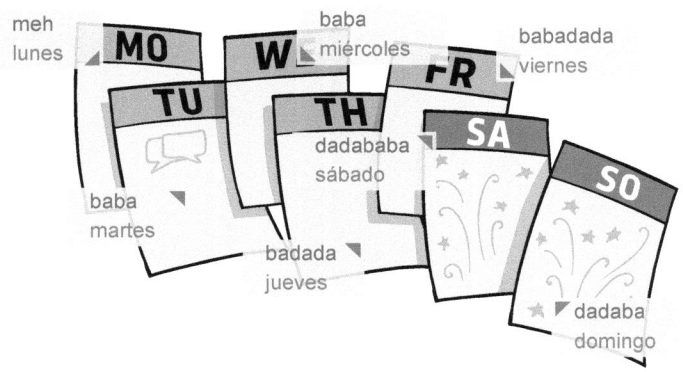

meh
lunes

baba
miércoles

babadada
viernes

baba
martes

dadababa
sábado

badada
jueves

dadaba
domingo

dadadada

ayer

dadababa

hoy

dadaba

mañana

baba

la mañana

baba

el mediodía

dadadada

la tarde

MO	TU	WE	TH	FR	SA	SU
1	2	3	4	5	6	7
8	9	10	11	12	13	14
15	16	17	18	19	20	21
22	23	24	25	26	27	28
29	30	31	1	2	3	4

dada

los días hábiles

MO	TU	WE	TH	FR	SA	SU
1	2	3	4	5	6	7
8	9	10	11	12	13	14
15	16	17	18	19	20	21
22	23	24	25	26	27	28
29	30	31	1	2	3	4

baba

el fin de semana

dadaba
el año

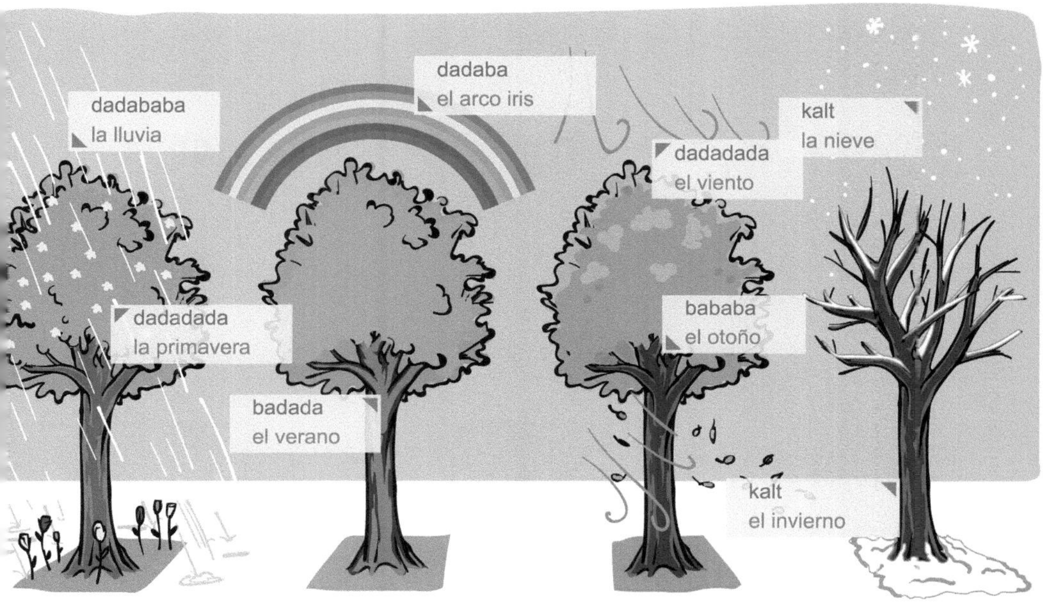

dadababa
la lluvia
dadaba
el arco iris
dadadada
el viento
kalt
la nieve
dadadada
la primavera
bababa
el otoño
badada
el verano
kalt
el invierno

4.APRIL 11°
5.APRIL 4°
6.APRIL 13°
7.APRIL 8°
8.APRIL 10°

dadababa

pronóstico meteorológico

F C
120 40
90 30
60 20
30 10
0 0
-30 -10
-20

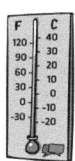

bababa

el termómetro

ba

la luz del sol

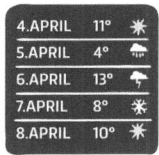

baba

la nube

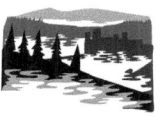

dadadada

la niebla

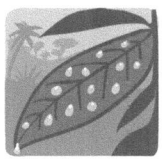

dada

la humedad

dadababa

el rayo

dada

el trueno

badada

la tormenta

dadababa

el granizo

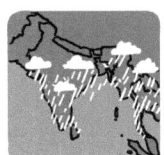

bababa

el monzón

dadaba

la inundación

dadadada

el hielo

dadaba

enero

dadaba

febrero

bababa

marzo

dadadada

abril

dadadada

mayo

babababa

junio

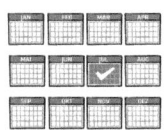

baba

julio

bababa

agosto

dadadada
....
septiembre

badada
....
octubre

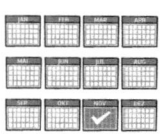

dadababa
....
noviembre

baba
....
diciembre

baba
....
el círculo

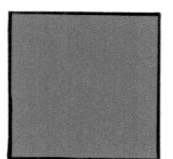

badada
....
el cuadrado

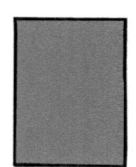

dadababa
....
el rectángulo

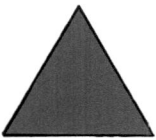

babababa
....
el triángulo

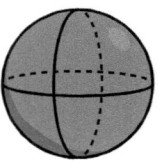

dadadada
....
la esfera

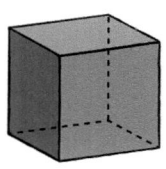

babababa
....
el cubo

dadababa

blanco

babababa

amarillo

baba

naranja

dadadada

rosa

babadada

rojo

dadababa

violeta

dadadada

azul

ba

verde

baba

marrón

bababa

gris

badada

negro

da / ba

mucho / poco

da / ba

enojado / tranquilo

da / ba

lindo / feo

da / ba

el principio / el fin

da / ba

grande / chico

da / ba

claro / oscuro

da / ba

hermano / la hermana

da / ba

limpio / sucio

da / bada

completo / incompleto

da / ba

el día / la noche

da / ba

muerto / vivo

da / ba

ancho / angosto

da / ba
....

comestible / no comestible

da / ba
....

malo / amable

ba / ba
....

entusiasmado / aburrido

da / ba
....

gordo / flaco

ba / ba
....

primero / último

da / bada
....

el amigo / el enemigo

da / ba
....

lleno / vacío

da / ba
....

duro / blando

da / ba
....

pesado / liviano

da / bada
....

el hambre / la sed

da / ba
....

enfermo / sano

da / ba
....

ilegal / legal

da / ba
....

inteligente / estúpido

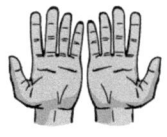

ba / ba
....

izquierda / derecha

da / ba
....

cerca / lejos

da / bada
....
nuevo / usado

da / ba
....
nada / algo

ba / ba
....
viejo / joven

da / ba
....
encendido / apagado

da / ba
....
abierto / cerrado

da / ba
....
silencioso / ruidosc

ba / ba
....
rico / pobre

da / ba
....
correcto / incorrecto

da / ba
....
áspero / suave

ba / ba
....
triste / contento

da / ba
....
corto / largo

da / ba
....
lento / rápidɔ

da / bada
....
mojado / seco

da / bada
....
caliente / frío

da / ba
....
guerra / paz

0

dada

cero

1

a

uno

2

ba

dos

3

da ba da

tres

4

badabada

cuatro

5

dadababa

cinco

6

dadaba

seis

7

badada

siete

8

dadababa

ocho

9

dadaba

nueve

10

dadadada

diez

11

badada

once

12

baba

doce

13

bababa

trece

14

baba

catorce

15

babadada

quince

16

dadababa

dieciséis

17

babababa

diecisiete

18

dadababa

dieciocho

19

bababa

diecinueve

20

dadababa

veinte

100

baba

cien

1.000

baba

mil

1.000.000

dadababa

el millón

baba

el inglés

babadada

el inglés americano

dadababa

el chino mandarín

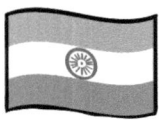

ba

el hindi

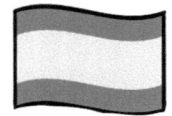

badada

el español

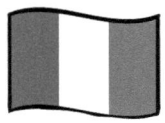

ohlala

el francés

babadada

el árabe

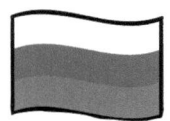

dadaba

el ruso

dada

el portugués

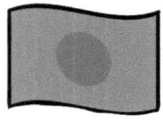

dadadada

el bengalí

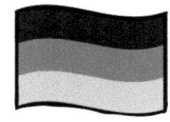

badada

el alemán

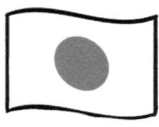

dadadada

el japonés

a
....
yo

dadadada
....
vos

da / da / da
....
él / ella

o ba ma
....
nosotros

babababa
....
ustedes

baba
....
ellos

dadadada
....
¿quién?

dadadada
....
¿qué?

baba
....
¿cómo?

babababa
....
¿dónde?

babadada
....
¿cuándo?

HELLO, I AM

dadaba
....
el nombre

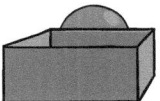

baba

detrás

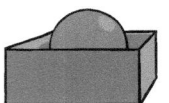

dadaba

en

baba

adelante de

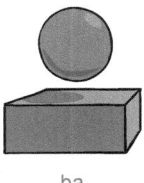

ba

por encima de

baba

sobre

dadababa

debajo de

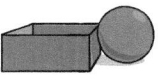

bababab a

al lado de

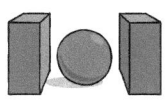

ba

entre

dada

el lugar